AF316287

OPINION

DE

M. LE DUC DE **BROGLIE**,

MINISTRE DES AFFAIRES ÉTRANGÈRES,

SUR LA LOI RELATIVE AUX ASSOCIATIONS,

PRONONCÉE

DANS LA SÉANCE DU 17 MARS.

MESSIEURS,

Je viens combattre l'amendement qui vous est proposé par l'honorable M. Bérenger. En combattant cet amendement, je combattrai d'avance indirectement, sans le vouloir en quelque sorte, la plupart des amendemens qui vous ont été distribués.

Il n'en est guère en effet qui n'aient pour point de départ l'abrogation totale ou partielle, avouée ou implicite, de l'article 291 du code pénal : il n'en est guère qui n'aient pour fondement je ne sais quelle nécessité d'établir, de proclamer en France la liberté d'association.

Les uns, et c'est le cas de l'amendement actuel, entendent abroger l'article 291 dans l'intérêt de toutes les associations indistinctemeut : d'autres entendent l'abroger dans l'intérêt de quelques associations seulement, en attendant mieux ; par exemple les associations littéraires, philantropiques ou religieuses.

Les uns, et c'est le cas de l'amendement actuel, entendent établir la liberté d'association dès aujourd'hui ; d'autres l'ajournent à un an ou deux ans, pourvu que le principe soit proclamé dès à présent : ils consentent à ce que le principe contraire subsiste encore un ou deux ans, mais en le frappant au cœur, en le marquant au front, en le désignant d'avance à l'animadversion publique, en un mot en travaillant à le détruire, en même temps qu'on le laisse subsister.

Il y a donc entre tous les amendemens identité de but, identité d'idée fondamentale, et c'est par cette raison que je dis que les argumens produits contre le premier qui se présente dans la lice rejailliront infailliblement sur tous les autres.

Tous ces amendemens reposent, à mon avis, sur une idée essentiellement fausse, je veux dire l'obligation où nous serions (je parle d'obligation et non d'utilité ni de convenance) d'abroger l'article 291, de renoncer au principe de l'autorisation préalable en matière d'association. Tous ces amendemens ont pour but de concilier cette obligation prétendue avec la nécessité très-réelle, très-généralement sentie de réprimer, de détruire les sociétés anarchiques. C'est, Messieurs, selon moi, un problême insoluble, ce serait une entreprise vaine et déplorable. On vous demande, j'ai presque dit on vous somme, d'abroger l'article 291 ; on ne vous le propose pas, on vous l'impose en quelque sorte.

M. *Odilon Barrot* : Je demande la parole.

M. *De Broglie* : On vous en fait, pour ainsi dire, un cas de conscience : c'est, je crois, le terme dont l'honorable préopinant s'est servi.

Erreur, Messieurs, vous êtes libres; vous êtes parfaitement libres, vous êtes moralement et constitutionnellement libres de maintenir l'autorisation préalable en matière d'association, non-seulement un an, mais deux ans, dix ans, mais cent ans, mais toujours, si vous le jugez bon et convenable.

Vous n'avez à cet égard aucun engagement précis : vous n'êtes liés ni par la charte, ni par vos sermens. Vous n'avez à consulter que votre propre raison et l'intérêt de l'état, et il n'est aucune autorité antérieure, aucune autorité supérieure à la raison qui la domine et l'enchaîne sur ce point. Il me sera facile de vous le démontrer. Je ne disserterai pas à perte de vue sur le droit d'association : nous faisons à cette tribune de la politique, c'est-à-dire du bon sens, et non pas de la philosophie.

S'associer, c'est mettre en commun son temps, ses biens, sa personne, son intelligence, quelque chose enfin qui nous soit propre, dans un but déterminé ; c'est une faculté naturelle que personne ne conteste. Lorsque le but de l'association est licite ; lorsque rien ne répugne ni à l'honnêteté publique, ni à l'intérêt public, ni à l'intérêt privé, l'exercice de cette faculté est un droit.

Mais on peut abuser de tout droit, du droit d'association comme de tout autre : le but de l'association peut être illégitime, le but de l'association peut être criminel, il peut être contraire ou à l'intérêt général, ou à l'honnêteté publique. Dès lors, à l'abus le remède. Le législateur intervient pour mettre ordre, pour régler l'usage du droit ainsi qu'il appartiendra en thèse générale, c'est-à-dire par tous les moyens que son bon sens, sa sagesse et son intelligence lui suggèrent : à moins que dans la constitution du pays il n'y ait quelque chose qui lui interdise une certaine espèce de moyens, il est libre, pleinement libre dans le choix des moyens. Je pourrais citer une foule de droits non moins précieux, non moins sacrés que le droit d'association, et qui sont réglés comme celui-là l'a été jusqu'ici par voie préventive. Ainsi, le droit de locomotion, qui tient essentiellement à la liberté individuelle, qui est un droit sacré, un droit inviolable, dans le sens qu'on entend, est cependant un droit réglé par voie d'autorisation préalable dans la matière des passeports. (Vives réclamations aux extrémités.)

M. *Odilon Barrot :* Vous ne pouvez pas refuser un passeport.

M. *De Broglie :* J'ai peine à comprendre quelle est la cause de cette interruption. Est-il vrai ou n'est-il pas vrai que le droit de locomotion est réglé par voie d'autorisation préalable dans la matière des passeports ?

Voix à gauche et à droite : Non, non. (Bruit.)

Voix au centre : Oui, oui.

M. *Dubois-Aymé :* On ne peut pas refuser des passeports.

M. *Mauguin :* Toute la France n'est pas sous la surveillance de la haute police. (Mouvemens en sens divers.)

M. *De Broglie :* La France n'est point sous la surveillance de la haute police, comme le dit un honorable membre : je le sais parfaitement bien.

Je sais parfaitement bien aussi que la législation des passeports existe, et qu'elle a précisément, sur le droit de locomotion, l'effet que je lui attribue. (Nouvelles dénégations aux extrémités.)

Au demeurant, toute cette énumération est fort inutile, c'est à la proposition même que je m'arrête; et je dis que lorsque le droit public du pays n'a pas interdit au législateur de régler l'exercice d'un droit par telle ou telle mesure restrictive, le législateur est le maître de le faire ; je soutiens que cela est ainsi en France et dans tous les pays.

Il est, messieurs, un droit, il en est peut-être deux, à l'égard desquels la loi du pays, la charte constitutionnelle, impose au législateur une certaine restriction ; elle lui impose la restriction de n'employer, pour les régler, aucune voie d'autorisation préalable. Cela est vrai. À l'égard de ces droits, le législateur est tenu de respecter la prohibition ; mais la charte a-t-elle accordé à la liberté d'association ce qu'elle a accordé à la liberté de la presse ? ce qu'elle a accordé à la liberté de l'enseignement ? A-t-elle pris sous sa protection le droit d'association, de telle sorte qu'elle ait interdit au législateur de le régler par voie d'autorisation préalable ? Nullement ; je dis tout au contraire, en thèse générale, car lorsqu'il y a une exception à insérer dans la loi, cette exception confirme la règle générale, que si la charte avait voulu interdire au législateur la possibilité de régler le droit d'association par voie d'autorisation préalable, elle l'aurait dit comme elle l'a fait à l'égard du droit de publier sa pensée, et comme elle l'a dit plus récemment à l'égard de la liberté d'enseignement. J'ajoute qu'il y a plus. L'art. 59 de la charte confirme toutes les dispositions des lois en vigueur qu'il n'abroge pas expressément. Eh bien ! il confirme par conséquent le Code pénal, et dans le Code pénal l'article 291, par conséquent l'application de la voie d'autorisation. Je dis que voilà l'état des choses, la loi du pays. Je sais fort bien qu'il y a des personnes qui en veulent à la charte de n'avoir pas placé le droit d'association au même rang que la liberté de publier sa pensée, au même rang que la liberté d'enseignement, qui désireraient qu'il en fût ainsi. (Réclamations aux extrémités.)

Ce sont là des opinions personnelles à ceux qui les émettent, des théories purement individuelles, des regrets, des désirs, tout ce qu'on voudra, en un mot ; mais ce n'est pas là un article de la charte. Il n'appartient à qui que ce soit d'insérer dans la charte ses opinions personnelles et ses théories, de créer ainsi virtuellement un article de la charte, et de venir ensuite au nom de cet article imposer au législateur des obligations imaginaires, lui interdire de se servir de tel ou tel moyen, de tel ou tel article, lui signifier de révoquer l'art. 291, et d'établir la liberté d'association, à tout prix, alors même que les circonstances seraient telles qu'on serait obligé de détruire à l'instant même son propre ouvrage, de voiler la statue de la liberté en même temps qu'on la placerait sur son piédestal, lorsqu'on serait obligé de démolir et d'édifier de la même main et avec les mêmes instrumens.

Je vous en conjure donc, messieurs, que vos consciences soient en repos sur ce point. Considérez la loi qui vous est proposée, considérez les amendemens qui sont apportés à cette loi uniquement sous le point de vue de l'intérêt public, sous le point de vue des besoins du pays, sous le point de vue des nécessités du moment. Ne faisons pas de tout ceci une question de principes; car s'il peut y avoir matière à discussion pour les publicistes, pour les philosophes, pour les esprits spéculatifs, pour des législateurs, pour des hommes qui vivent dans le cercle du droit politique sous le poids des affaires, il n'y a pas là de principe qui soit engagé.

Cela posé, de quoi s'agit-il? La position vous est connue ; les associations soi-disant patriotes couvrent la face du pays; leur nombre va croissant tous les jours. Dans la plupart de nos grandes villes, à Paris, à Lyon, à Marseille, à Strasbourg, ailleurs encore, ces associations-là marchent le front levé, tantôt sous des noms différens, tantôt sous le même nom; elles sortent les unes des autres; elle s'affilient les unes aux autres; elles correspondent activement; elles se meuvent en quelque sorte comme un seul homme. Dire de ces associations que ce sont des complots, des conspirations en permanence, ce serait peut-être mal s'exprimer. Quand on conspire, on se cache. Mais dire que ces associations ont pour but le renversement de l'ordre établi, ce n'est pas les calomnier; elles en font gloire, l'hypocrisie n'est pas leur défaut; elles l'impriment tous les jours dans leurs journaux; hier encore elles le faisaient crier dans les rues à son de trompe.

Dire que le renversement de l'ordre établi serait très-loin de leur suffire, qu'elles n'y voient qu'un premier pas vers des révolutions sociales; qu'elles aspirent, non pas à détruire la propriété, je le reconnais, non pas à l'usurper, mais à constituer la propriété sur une base nouvelle, mais à la soumettre à des conditions nouvelles, ce n'est pas là les calomnier, car il en est qui l'impriment en gros caractère. Dire enfin que les souvenirs des plus mauvais jours de notre histoire n'ont rien qui les effraie, rien qui les arrête, rien qui les fasse réfléchir, qu'il en est même pour lesquels ces souvenirs semblent en quelque sorte des espérances, ce n'est pas encore les calomnier; elles font imprimer tous les jours à bas prix, et distribuer à profusion, dans les ateliers, dans les casernes, les abominables discours de Saint-Just, de Marat et de Couthon : ces faits sont attestés et avoués de tous.

Nous avons, aux termes de la loi, la main sur les associations de tous genres. Pensez-vous que celles-là soient autorisées par nous ? Certainement, s'il en était ainsi, nous serions de grands criminels, et ce n'est pas sur le banc des ministres, mais sur le banc des accusés, que notre place serait marquée.

Pensez-vous que, de notre part, il y ait eu insouciance, incurie, lâche complaisance pour les factions? que nous nous soyons laissé étourdir par les clameurs, intimider par les menaces ? Ouvrez les archives des cours d'assises, lisez les noms des accusés, lisez les écrits qui dévouent chaque jour à la fureur des partis la tête du magistrat courageux organe de la vindicte des lois. Voilà notre réponse.

Les associations dont je parle existent, non pas à la faveur des ténèbres, mais au grand jour, non pas à la faveur d'une coupable connivence, ou d'une lâche complaisance de la part de l'autorité; mais elles existent par cette seule et unique raison que le Code pénal est depuis long-temps dans nos mains une arme impuissante; parce que la définition de l'article 291 se prête à toutes les fraudes, à tous les subterfuges, à tous les mensonges, parce que la pénalité de l'art. 292 est ridicule et dérisoire; parce que, en 1830, à la fin d'une discussion très-bruyante, par un amendement introduit sans discussion, à l'improviste, on a, contrairement à tous les principes de notre droit criminel, désigné, pour prononcer sur le fait d'association illicite, une juridiction admirable sans doute, lorsque, délibérant en pleine sécurité, elle apprécie soit la réalité d'un acte criminel par lui-même, soit les intentions imputées à l'auteur de cet acte, mais une juridiction inhabile à discerner dans un fait, innocent en apparence, dans un fait simplement dangereux, les conséquences lointaines, les conséquences fatales que ce fait porte dans son sein. (Applaudissemens aux centres, murmures aux extrémités.)

Cela posé, messieurs, que vous demande le gouvernement? Il vous demande : 1° de maintenir l'art. 291 ; 2° de rectifier la rédaction de cet article, de telle sorte qu'il ne soit plus possible de l'éluder ; 3° de placer les dispositions de cet article sous des pénalités assez sévères pour qu'il ne soit plus loisible de s'en jouer ; 4° enfin, de confier le maintien ou l'exécution de cet article à des tribunaux en position d'en apprécier l'importance, en résolution d'y tenir la main.

Ceci est un plan parfaitement simple, un plan direct très-conséquent et qui va droit au but. C'est un plan par lequel le gouvernement attaque son ennemi de front et le poursuit dans ses derniers retranchemens.

Au lieu de cela, que vous propose l'honorable préopinant? Il vous propose d'abord, prenez-y garde, Messieurs, de rejeter le projet de loi du gouvernement, de le rejeter réellement et au fond. Il ne faut pas discuter ici sur les limites du droit d'amendement, mais il faut parler sincèrement : il vous propose de rejeter la loi sans même la discuter, sans même en délibérer, sans même lui accorder les honneurs du scrutin, de la rejeter par voie de prétérition ; puis il propose de substituer à cette loi une loi, non pas seulement différente, mais reposant au fond sur un principe directement opposé.

Le but de la loi qu'il vous propose, c'est de déclarer les sociétés légales, licites, irréprochables, pourvu qu'elles se soumettent à deux conditions qu'en vérité il y aurait bien mauvaise grâce de se refuser, parce que ces conditions ne sont pas gênantes.

La première de ces conditions, c'est de faire connaître à l'autorité leur nom et leur but, les noms des membres qui les composent, et leurs statuts. Or, elles ont pris l'avance à ce sujet. Comme elles ont déjà imprimé depuis long-temps, et leurs noms, et les noms de leurs propres membres, et leurs statuts, dans les feuilles publiques, pour se conformer à cette première condition, il leur suffira d'envoyer à la préfecture de police un ou deux numéros du journal le *Populaire* ou du journal la *Tribune*. (Sensation.)

La seconde condition, c'est d'admettre dans leur sein, sur sa demande, soit le maire, soit l'adjoint de l'arrondissement.

Or, comme ce n'est pas sur le secret, mais sur la publicité qu'elles spéculent ; comme ce qu'elles se proposent, ce n'est pas de se cacher ; comme leur moyen d'action c'est l'audace, comme leur espérance consiste au contraire à faire peur, à imprimer la terreur, à menacer et outrager le gouvernement, je crois que l'admission de ce surveillant, loin de les effaroucher, sera pour elles une bonne fortune. Je suis persuadé que si le préfet de police voulait accompagner le maire, que si le préfet de la Seine voulait accompagner le préfet de police, que si le conseil des ministres voulait s'y transporter, ce serait pour ces sociétés une bonne fortune, et que rien ne leur causerait plus de joie. (Sensation.)

Seulement, ce qui m'inquiète, c'est la position du magistrat municipal dans les séances de la société des Droits de l'Homme ou des Amis du Peuple.

A voir, en effet, comment les membres de ces sociétés traitent les juges quand ils sont amenés en présence de la justice, quels torrens d'invectives ils vomissent contre les juges lorsqu'ils comparaissent isolés sur le banc des accusés, sous le poids d'une accusation et en présence d'un châtiment, on peut aisément se figurer que la position d'un maire au milieu de la Société des Droits de l'Homme ou de la Société des Amis du Peuple délibérant en pleine liberté, sans contrainte, ne sera pas une position qui soit fort digne d'envie. (Sensation prolongée.)

A la vérité, Messieurs, ce n'est pas précisément à ces sociétés que l'honorable préopinant paraît avoir dédié les deux premiers paragraphes de son amendement; mais comme ces deux paragraphes s'appliquent à toutes les sociétés, quelle qu'ait été son intention, les faits seront tels que je les ai exposés.

De plus, à l'égard des sociétés qu'il regarde comme réellement anarchiques, le préopinant réserve un droit au gouvernement, droit qui lui paraît répondre à toutes les nécessités de l'ordre social. Ce droit, c'est le droit de dissoudre ces sociétés, de les dissoudre, je ne dirai pas arbitrairement, car il s'attache un mauvais sens à ce mot, mais discrétionnairement, sans qu'on soit obligé de porter le cas de dissolution devant les tribunaux. J'admets pour un moment que la garantie qu'il attend de cette disposition soit efficace, qu'elle accorde un droit réel au gouvernement; j'admets cette supposition, cette hypothèse; je dis que l'introduction de sa loi ne sanctionnera pas en France la liberté d'associations, et que, contre son intention, cette loi ne sera qu'une véritable déception.

En effet, s'il ne subsiste de société en France que sous le bon plaisir du gouvernement, que celles auxquelles le gouvernement voudra bien accorder l'existence, il est bien clair que toute société qui voudra subsister sera obligée de s'arranger en conséquence et de traiter avec le gouvernement ; vous rentreriez par un détour dans le régime pur et simple de l'autorisation préalable.

Je ne dis pas que le préopinant a voulu tromper le public, à Dieu ne plaise, mais je dis que les conséquences de l'amendement seraient celles que je viens de vous indiquer.

Vous devez vous rappeler que c'est précisément sous cette forme que la censure de la presse put s'établir sous la restauration. La loi de 1814 était expirée, la censure était tombée virtuellement, mais le gouvernement avait le droit de supprimer les journaux. Il n'existait en France que les journaux que le gouvernement consentait à laisser subsister.

Je dis qu'en supposant la garantie efficace, réelle, elle détruit le projet de l'honorable préopinant, elle le rend complétement illusoire, et il vaut mieux rentrer franchement, je ne dirai pas sincèrement, je crois à la sincérité de l'honorable préopinant, mais rentrer franchement dans le régime établi de l'autorisation préalable.

J'ajoute que, malgré les explications dans lesquelles il est entré, les droits du gouvernement seraient en effet plus ou moins illusoires.

Je conçois très-bien qu'on puisse appliquer la théorie que je viens d'indiquer aux livres, aux pamphlets, aux journaux, qui sont de véritables établissemens, qui ont des presses, un cautionnement, quelque chose sur quoi il soit possible de mettre la main, dont on puisse se saisir.

Mais une association seulement politique, en quoi consiste-t-elle ? Elle consiste dans les membres qui la composent, et dans la discussion sociale, si je puis m'exprimer ainsi. Il est à mon avis de tout évidence qu'aussitôt qu'une société aurait été détruite sous un nom, elle se reformerait sous un autre, et il y aurait lutte constante entre le gouvernement dissolvant une société, et cette société se reformant le lendemain. M. le ministre de l'intérieur, dans une des dernières séances, vous a fait l'énumération des noms sous lesquels se réunissaient les sections d'une certaine société, et vous avez pu voir que cette société ne manque pas de noms de rechange, que par conséquent elle ne périra pas faute de moyens de se représenter sous un autre aspect. Si le paragraphe dernier produit son effet, il détruit le droit d'association : s'il n'est

pas efficace, l'amendement, qu'on me permette le terme,
enveloppe les sociétés dans des toiles d'araignée.

Quand les autres amendemens viendront en discussion,
il sera, je crois, facile de démontrer qu'ils ne résolvent
pas mieux le problème insoluble qu'on s'est proposé : il
sera facile de démontrer qu'en amendant la loi dans ce
sens, vous découragez ceux qui sont chargés de l'appliquer, vous encouragez ceux qui veulent le combattre : il
sera facile de démontrer, par exemple, qu'en ajournant
à deux ans l'époque où les sociétés seront autorisées par
la loi, vous leur donneriez une prime pour rester organi-
sées jusqu'à l'expiration du terme, et que ce serait,
comme l'a dit un membre de cette chambre, mettre l'é-
meute en disponibilité. (Très-bien.)

Messieurs, il y a un axiôme de droit commun qui est
également applicable ici : donner et retenir ne vaut ; donner au gouvernement le droit de réprimer les associations
et les détruire en même temps, tendre une main au gouvernement et une autre aux associations anarchiques, ce ne
serait pas faire œuvre d'hommes sérieux : vous ne vou-
drez pas vous montrer à ce point inconséquens.

OPINION

DE

M. THIERS,

MINISTRE DU COMMERCE ET DES TRAVAUX PUBLICS,

SUR LA MÊME QUESTION

ET

DANS LA MÊME SÉANCE.

MESSIEURS,

Je demande à la chambre la permission de traiter la question sous les trois aspects sous lesquels elle a été envisagée par les adversaires du projet. J'examinerai donc premièrement la situation actuelle et les circonstances qui ont nécessité la loi. Secondement, le principe d'association auquel on dit que nous portons atteinte. Troisièmement enfin, le dernier point, le plus grave, et qui le devient surtout après tout ce que vous venez d'entendre, c'est de savoir si le gouvernement de juillet, par une de ces illusions déplorables qui ont perdu le dernier gouvernement, rentrerait dans les voies de la restauration.

Messieurs, voilà le point le plus essentiel de la discussion ; je le traiterai en dernier lieu.

Je prie la chambre de m'écouter avec bienveillance et avec attention.

Quant aux circonstances qui ont motivé la loi, nous sommes en présence de deux oppositions : l'une qui nous dit que nous ne sommes pas le gouvernement de droit, et que c'est là la cause de toutes les mesures que nous demandons ; que, lorsqu'on n'est pas le gouvernement de droit, on froisse toutes les libertés, et il faut constamment lutter contre elles jusqu'à ce qu'on périsse.

Il y a une autre opposition qui ne nous conteste pas d'être le gouvernement de droit, car elle reconnaît les sermens qu'elle a prêtés ; mais elle nous présente un dilemme : ou les circonstances que vous alléguez sont vraies, dit-elle, et alors l'ordre public n'a fait aucun progrès, l'ordre public est en péril, et votre système est mauvais ; ou ces circonstances sont illusoires, ce sont de vaines allégations au moyen desquelles vous voulez surprendre notre religion et nous arracher une loi d'exception.

Voilà ce que vous avez entendu constamment dans cette discussion sur les circonstances mêmes qui ont motivé la loi. Quant à cette opposition qui prétend que nous ne sommes pas le gouvernement de droit, je l'avouerai, je sais bien peu de choses à lui dire, car il y a peu de termes communs entre nous pour que la discussion puisse s'établir ; je lui dirai seulement qu'il y a aussi une opposition qui nous dit que nous ne sommes pas le gouvernement de droit ; il y en a une qui place sa souveraineté à Prague, qui nous dit : Vous êtes aux Tuileries, dans les hôtels du gouvernement ; vous avez pour vous la force matérielle, l'armée, la garde nationale, mais vous n'avez pas le gouvernement de droit. On a toujours trouvé ridicule, misérable, cette manière de l'appeler gouvernement de droit, lorsque le gouvernement de fait, celui qui est appuyé par la force publique, par les chambres, par la garde nationale, existe ici.

Quant à cette opposition qui nous a dit : est-il vrai que les circonstances soient si graves que vous le prétendez ? Est-il vrai que l'ordre public n'ait pas fait de progrès ? Et qui ajoute : Alors votre système est mauvais ; ou bien les circonstances sont fausses et vous voulez surprendre notre religion par une loi d'exception. On aime, messieurs, à poser de ces dilemmes, parce qu'on suppose que ceux auxquels on les présente ne pourront accepter aucune de ces alternatives. Voici la situation au vrai : d'une part, il n'est pas exact de dire que l'ordre public n'a pas fait de progrès ; d'autre part, il n'est pas vrai que la situation soit telle qu'une loi ne soit pas nécessaire. Je m'empare des deux de nos adversaires, MM. Mérilhou et de Sade : tous ont reconnu que l'ordre public a fait des progrès, il en a fait de très-grands. Le système de justice et de modération du gouvernement a conquis une grande partie de la population, a ramené les hommes de bonne foi dans tous les partis de gauche et de droite.

Tandis que le calme fait des progrès dans les esprits, il est des hommes que le calme dépite, irrite, ne désarme pas et ne fait, au contraire, qu'exalter davantage ; ces hommes, soit qu'ils se proclament partisans de la dynastie déchue, et qu'ils soient partisans d'un gouvernement qui n'est pas la république, se sont organisés aujourd'hui. Comme on vous l'a dit, ils ne vont plus dans la rue ; ils n'ont plus recours à l'émeute ; ils ont cherché à se constituer en gouvernement secret : j'ai tort de dire secret, en gouvernement public, patent, qui vient se placer à côté du gouvernement légal et qui s'intitule gouvernement de l'avenir, et veut renverser celui qui existe.

Tandis que le calme a fait des progrès, que la société tout entière a senti que le règne des lois, de la modération, de la justice était arrivé, et qu'il fallait en finir avec les révolutions : des hommes qui ne veulent ni modération, ni justice, ni lois, se constituent audacieusement en gouvernement à côté du gouvernement établi.

Il y a, messieurs, une circonstance grave qui vient compliquer cette situation. Ici, je vais répondre à une question que nous a adressée M. Bérenger, en commençant son discours. Il nous a dit que nous aurions dû sonder profondément l'état de la société, rechercher quels étaient tous les faits qui pouvaient démontrer que la loi était nécessaire. Eh bien ! messieurs, cette nécessité, je la trouve dans ce gouvernement public, avoué, patent, qui s'intitule gouvernement à venir, et veut renverser le gouvernement existant.

Ici, je rencontre une considération particulière, une circonstance industrielle sur laquelle je vous demande la permission de vous dire quelques mots, et qui rend cette situation extrêmement grave. Il y a aujourd'hui un phénomène singulier en industrie : tandis que parmi tous les peuples se forme une concurrence extrêmement vive, et que l'emploi des machines a multiplié les produits à l'infini, il en est résulté, pour tous les peuples fabricans, la nécessité de donner leurs produits au meilleur marché possible, pour pouvoir lutter sur tous les marchés de l'Europe et du monde.

Eh bien ! Messieurs, à côté de cette nécessité de donner les produits à meilleur marché se trouve une autre nécessité, celle d'augmenter le salaire de la classe ouvrière ; eh bien ! voilà la véritable difficulté de l'industrie, c'est d'abaisser le prix pour soutenir la concurrence sur les marchés étrangers et d'élever le salaire de la classe ouvrière. Ceci, à toutes les époques de la civilisation, a amené des crises, mais aujourd'hui la crise est devenue plus grave que jamais.

Eh bien ! c'est en présence de cette situation que nous

devions répondre, non pas aux sollicitations importunes d'amis effrayés, comme l'a dit M. de Sade, mais au cri unanime de l'opinion publique.

Les gouvernemens doivent non-seulement l'ordre matériel au pays, ils doivent la sécurité aux esprits, le calme à l'intelligence, sans lequel on ne fait rien de bon, sans lequel aucune pensée ne peut se développer ; ce calme, on ne peut le donner qu'avec une sécurité complète.

Lorsque nos villes industrielles, lorsque la capitale ont été désolées par les associations, il n'était pas possible de résister à ce cri unanime qui demandait le calme. Voilà le motif qui nous a engagés à vous présenter la loi ; nous n'avons pas voulu surprendre votre religion, nous n'avons pas voulu exagérer l'état du pays, nous vous l'avons présenté tel qu'il est. (Très-bien.)

Eh bien ! Messieurs, en présence d'une situation pénible, n'avons-nous pas le droit de garantir la société ? n'avons-nous pas le droit de vous présenter la loi que nous vous demandons ?

Je passe à la question de principe. Je ne rentrerai pas dans tout ce qui a été dit, mais je demande la permission de l'aborder avec la plus grande rigueur possible, afin que le droit reste intact.

On a beaucoup parlé de l'esprit d'association ; on a dit que c'était un grand principe de civilisation, un principe respecté par tous les gouvernemens, et que nous allions y porter atteinte. Non, Messieurs, nous reconnaissons que l'esprit d'association est fondé sur la nature de l'homme ; que l'homme individu est faible ; qu'associé à d'autres il est puissant ; que c'est en mettant l'homme à côté de l'homme qu'on arrive à toutes les merveilles de la civilisation. Nous accordons que l'esprit d'association est une grande, une belle, une noble puissance ; mais voici ce que nous soutenons : Nous soutenons que l'association est est quelque chose de si puissant, de si redoutable, qu'elle a besoin, comme toutes les facultés de l'homme, d'être réglée, d'être soumise à des lois. Assurément l'homme a le droit de la parole, d'exprimer sa pensée ; il a le droit de se servir de son courage, de le déployer sur le champ de bataille : eh bien ! y a-t-il une seule de ces facultés qui ne doive être réglée par les lois, qui ne soit subordonnée à un ordre légal fixé par la société, par la constitution des pays. (Marques d'adhésion.)

La question n'est donc pas dans le droit. Qui peut sé-

rieusement contester à une société le droit d'association ?
qui peut contester aux citoyens le droit de mettre en commun leurs lumières, leurs capitaux, leur activité, pour
arriver au but commun ? Le droit de s'associer, comme
on l'a appelé, nous ne le contestons pas ; mais il s'agit de
l'exercice du droit, du mode de cet exercice.

Eh bien ! nous soutenons que tous les droits, quels
qu'ils soient, ne peuvent s'exercer qu'en vertu de lois,
que conformément à la constitution du pays et de manière à ce que cet exercice ne cause aucun dommage à la
société.

Messieurs, vous avez pris plaisir à mettre en contradiction avec eux-mêmes les collègues avec lesquels je siége
au banc des ministres. (Ecoutez, écoutez.) Vous leur
avez dit qu'ils avaient été partisans théoriques et pratiques
du droit d'association, que non-seulement ils l'avaient
vanté, mais qu'ils l'avaient pratiqué.

Eh bien ! non pas par représailles, non pas pour oppo-
ser contradiction à contradiction, car je prouverai qu'il
n'y en avait pas, je pourrai à mon tour vous montrer nos
honorables adversaires qui siégent sur les bancs de l'opposition, combattant le droit d'association.

M. Dubois (de la Loire-Inférieure) : Je demande la
parole.

M. Thiers, ministre du commerce...... Demandant
comme nous le faisons aujourd'hui, qu'on limite l'exercice de ce droit.

Je vais vous citer un des exemples les plus mémorables,
les plus honorables de la restauration, exemple que vous
ne récuserez pas. Je vais vous citer des paroles que vous
ne récuserez pas non plus, mais qui vous prouveront que
vous-mêmes vous êtes obligés de reconnaître la théorie
que nous soutenons ici dans l'intérêt de la société.

Vous vous souvenez tous qu'une société célèbre, celle
des jésuites... (interruption), société qui était profondément antipathique à la France, et non pas seulement
à ce qu'on appelle les philosophes, mais au clergé lui-
même, au bon clergé, à celui qui ne veut pas faire de la
religion un moyen politique, qui avait été autrefois attaqué par la magistrature, qui avait été fulminé par elle ;
cette société rentra à une époque où rentraient tant de
mauvaises choses. (Rumeurs prolongées et interruption.)

Eh bien ! messieurs, un cri unanime s'éleva dans toute
la France contre cette société; on l'attaqua, non pas seu-

lement comme une association religieuse défenduc par les lois et la constitution ; on l'attaqua comme association politique, et on lui dit, je citerai tout à l'heure des textes authentiques qu'on ne démentira pas, on lui dit : « On ne peut pas souffrir à côté du gouvernement établi un gouvernement occulte qui a sa milice, qui a ses impôts, qui a un autre chef que le chef de l'état, qui a un autre but que le but avoué contenu dans les institutions et dans la charte ; le gouvernement ne peut pas souffrir un autre gouvernement à côté de lui. »

Je citerai tout à l'heure les noms et les textes.

Un honorable pair de France dénonça cette société à la cour royale de Paris, et le barreau de Paris s'empressa d'appuyer cette dénonciation par une consultation signée des premiers avocats de la capitale. Il y eut des plaidoyers faits ; je citerai tout à l'heure les paroles textuelles qui furent employées alors, et vous verrez que l'on protestait contre le droit d'asssociation justement comme nous voulons le faire aujourd'hui, qu'on tenait le même langage que nous tenons nous-mêmes. L'honorable M. Mérilhou disait...

M. Mérilhou : Je demande la parole pour un fait personnel.

M. Thiers : J'ai besoin de protester contre l'intention qu'on me prêterait ici de vouloir user de réprésailles et mettre nos adversaires en contradiction avec eux-mêmes.

Plusieurs voix : Lisez ! lisez !

M. Thiers : Je cite vos paroles, parce que je suis certain que vous ne les désavouerez pas.

M. Mérilhou : Lisez, c'est de bonne guerre.

M. Thiers : Je ne veux pas faire de guerre, je ne cherche pas à vous mettre en contradiction avec vous-même ; je ne veux pas vous faire désavouer ces paroles : au contraire, j'espère que vous les maintiendrez, et je veux m'en emparer.

Eh bien ! M. Mérilhou disait :

« S'il pouvait s'établir chez un peuple des agrégations particulières plus ou moins nombreuses, plus ou moins puissantes, sans l'aveu du pouvoir politique et contre sa volonté, le gouvernement serait par là même renversé ou frappé d'impuissance. »

Les termes sont assez clairs : S'il pouvait s'établir des agrégations particulières *contre l'aveu du pouvoir politique et contre sa volonté.* »

Le barreau de Paris faisait une consultation où l'on trouve encore ces expressions :

« Et quel est le peuple, quel est le gouvernement qui ait jamais permis aux citoyens *de s'organiser sourdement au gré de leur caprice* et de créer au sein de la grande société des sociétés secondaires capables de balancer par leur influence l'exercice du pouvoir public ? »

Savez-vous quels étaient les signataires de cette consultation ? Je ne veux pas les désigner tous ; on y trouve les noms les plus illustres du barreau qui sont devenus des noms illustres à la tribune. On y voit les noms de M. Mérilhou, de M. Portalis. (Mouvement.)

M. *Portalis*. Je demande la parole.

M. *Thiers*. De M. Isambert....

M. *Isambert*. Au contraire, j'ai signé une consultation dans laquelle nous repoussions l'art. 291 du Code pénal. (Bruits et rires.)

M. *Thiers*. Je dois rectifier un fait : le nom de M. Isambert et celui de M. Odillon-Barrot, cela est vrai, ne se trouvent pas au bas de la consultation collective rédigée par le barreau de Paris ; ils ont fait chacun des consultations particulières ; mais voilà les termes positifs.... (Interruption.)

Aux extrémités : les noms des signataires ?....

M. *Thiers* : Tout le barreau de Paris a signé.

M. *Berryer* : Non.

M. *Thiers* : Il y a le nom de M. Berryer père. (Nouvelle interruption et rires prolongés.)

Vous le voyez, Messieurs, la doctrine n'est pas démentie, elle ne peut pas l'être, car c'est une doctrine éminemment sociale.

Il est vrai que dans la société on a le droit de s'associer, mais de s'associer suivant les lois, de s'associer en n'attaquant pas l'ordre établi : en s'associant, on peut bien faire, mais l'on peut aussi mal faire ; et pour s'assurer qu'en s'associant on ne fait pas mal, il n'y a qu'un moyen, ce moyen est l'intervention du concours de l'autorité publique.....

Aux extrémités : C'est-à-dire de la police.

M. *Thiers* : Je vais vous le démontrer.

Je dis que déléguer, qu'accorder la faculté de s'associer est le droit de l'autorité. Cette faculté est naturelle ; mais on ne doit pas en permettre l'exercice sans le concours de l'autorité publique, et je vais parcourir divers cas possibles d'association pour vous démontrer que dans toutes les circonstances l'intervention de l'autorité est indispensable.

Messieurs, je vais aborder la question avec la plus grande précision, veuillez me suivre, et vous verrez si vous pouvez me répondre. (Rumeurs aux extrémités.)

Assurément, il n'y a rien de plus légitime que le droit, que la volonté de s'associer pour exploiter une industrie en commun. Il est difficile que le droit de s'associer pour l'exercice d'une industrie en commun soit dangereux pour la société.

Eh bien ! cependant un code, non pas un code politique, mais le code de commerce, reconnaît l'autorité publique le droit d'intervenir. (Bruit et interruption.) Permettez, messieurs....

M. *Le Président* à la gauche : Si vous vous faites un jeu des interruptions, c'est une tactique indigne d'une assemblée délibérante, indigne de toutes les opinions..... (Murmures.) Vous ne pouvez pas discuter de question plus grave que celle qui s'agite en ce moment. Chacun y attache de l'intérêt, la conçoit ; mais tous se doivent assez de respect pour s'écouter.... Vous n'êtes pas dans la situation où vous devriez être en vous livrant à une délibération aussi importante.

M. *Thiers* : Je vais tâcher de vous rendre la déduction la plus logique possible, pour vous fournir les moyens de me suivre pas à pas, et vous verrez si vous pouvez détruire mon raisonnement. Je dis que vous-même avez reconnu que le droit de s'associer pouvait s'exercer d'une manière dangereuse. Je cite vos propres paroles, et j'ajoute qu'il n'est aucun cas dans lequel l'autorité publique ne soit obligée d'intervenir. Je commence par l'association la plus innocente de toutes, celle qui peut le moins donner lieu à des périls publics, l'association commerciale. Eh bien ! une association commerciale ne peut avoir lieu sans l'intervention de l'autorité publique. Le Code de commerce, je ne parle pas ici du Code pénal, que vous rendez suspect d'impérialisme, c'est-à-dire de despotisme, ce Code de commerce a dit qu'on ne peut pas s'associer commercialement, et j'entends par là les sociétés anonymes.... (Bruit et interruption aux extrémités.)

M. le président : Messieurs, on n'aurait même pas pu

faire le Code de commerce en le discutant comme vous discutez ici une loi politique.

M. Thiers : Messieurs, il y a l'association simple qui se compose de deux, trois individus; celle-là ne réunit pas beaucoup d'hommes, et on conçoit qu'elle n'a pas besoin d'autorisation : mais je parle de la société anonyme, de celle qui réunit une foule de capitaux et d'individus. (Interruption).

M. Odillon Barrot : Ce n'est pas cela ! (Bruits divers.)

M. Thiers : Vous me répondrez, M. Barrot, je suis sur votre terrain, celui du droit. Il vous sera bien plus facile de me répondre. (Nouvelle interruption.)

M. le Président : Je ne puis m'empêcher de signaler ces interruptions comme un acte de véritable tyrannie. (Marques d'assentiment aux sections intérieures.... Murmures aux extrémités.)

M. Thiers : Il y a, Messieurs, une association... (Bruit). Voyez sur quoi s'élève la discussion : tandis que je cite la société anonyme, on m'oppose la société ordinaire. Mais, je le répète, une société ordinaire se compose de deux ou trois individus, elle ne peut donc pas être le thème de la discussion : je parle de la société anonyme, la vraie société par actions, celle de laquelle, depuis quelques années, on attend de si grands succès, celle qui a fait tous les canaux, tous les chemins de fer d'Angleterre, celle de laquelle on attend le progrès de notre pays.

Eh bien ! celle-là ne peut pas avoir lieu sans une ordonnance royale ; et ce n'est pas le Code criminel, le Code pénal, qui a été fait dans des intentions despotiques; c'est le Code de commerce qui l'a dit; on ne peut pas se réunir en société, mettre ses capitaux en commun, sans venir prouver qu'on peut exercer une industrie licite, qu'on a des capitaux suffisans, qu'on ne trompe pas le public en émettant des actions. Pour ces associations, les plus innocentes de toutes, on exige l'intervention de l'autorité publique, et pour celles qui pourraient donner lieu à tant d'abus, vous ne l'exigeriez pas !

Je poursuis : Pour une association de bienfaisance, pour celle qui a pour but de créer une caisse d'épargne, on exige encore l'intervention de l'autorité, et personne ne s'est plaint, parce qu'il faut étudier les statuts, voir si le bien des pauvres est confié à de bonnes mains, voir s'il n'est pas livré à des spéculations indignes et dangereuses. Ainsi, pour une association même de bienfaisance, on exige l'intervention de l'autorité. Eh! messieurs, pour mettre en commun ses idées religieuses, pour former une association religieuse, on exige l'intervention de l'autorité. C'est assurément un droit bien respectable que de se réunir pour s'occuper de religion, pour vivre en commun. Eh bien! l'assemblée constituante et les décrets postérieurs, ont exigé qu'aucune association religieuse ne pût avoir lieu, qu'on ne pût se livrer à des vœux sans l'autorisation de l'autorité et sans un décret.

Vous parlez du droit de s'associer. Je vous cite ce qu'il y a de plus honorable dans l'exercice de ce droit, les associations industrielles, celles pour cause de bienfaisance, celles pour cause religieuse; elles sont soumises à l'intervention de l'autorité, et vous ne voudriez pas que cette intervention existât pour les associations ayant une cause politique, celle dont on peut abuser; que vous avez condamnée vous-mêmes; que vous avez déclaré ne pouvoir exister sans le concours du gouvernement! Ou le droit d'association est sacré et absolu, ou il ne l'est pas; s'il est absolu, il comprend les associations religieuses. Eh bien! si cela était, on n'aurait pas pu détruire les corporations, détruire le clergé comme corps, lui enlever ses biens; mais c'est parce que ce droit, comme tous les droits d'une société, est soumis à la loi, à l'intervention de l'autorité, que nous demandons que lorsqu'on en fait le plus redoutable usage, un usage politique, il soit soumis à l'intervention de l'autorité.

Savez-vous bien, messieurs, ce que c'est d'accorder à une réunion d'hommes la faculté de s'associer politiquement? C'est leur déléguer toute la jouissance de la société, c'est leur accorder la souveraineté, et je vais vous le démontrer en quelques mots.

Examinez ce que c'est que le gouvernement. En quoi consiste-t-il? voyez le nombre de ceux qui le composent, et voyez où est sa force. Cent mille fonctionnaires peut-être, quelques cent mille soldats; qu'est-ce que c'est que ces trois ou quatre cent mille individus en présence d'un peuple composé de trente-deux millions d'hommes? Ce n'est rien comme force numérique, comme force matérielle. Qui fait donc la force du gouvernement? C'est cette organisation, ce concert, cette faculté de donner des ordres et d'être obéi; c'est cette faculté de pouvoir de Paris faire voler à travers les airs des ordres qui puissent à l'instant réunir à Lyon dix mille hommes de troupe, un préfet, des généraux, et qui en faisant cela à Marseille, à Strasbourg, veille encore à Paris. Sa force est dans son organisation, dans son concert, dans cette force même résultant de l'association, et cette faculté qui renferme toute la puissance sociale, vous la délégueriez à quelques individus sans mission, sans caractère, qui veulent renverser l'état! c'est livrer la puissance sociale au premier venu, à celui qui voudra s'en emparer. (Vif assentiment).

Remarquez, Messieurs, quel a toujours été le travail des comploteurs, de tous ceux qui, par des conspirations ou publiques ou secrètes, ont voulu renverser l'état. Leur but a été d'arriver à cette organisation, à ce concert, de s'associer pour correspondre d'un bout de la France à l'autre, pour qu'au même signal, au même instant le complot éclatât à Lyon, à Strasbourg, à Bordeaux, à Marseille, à Paris. C'est donc la force véritable, la force sociale que vous donneriez à quiconque voudrait s'en emparer. (Très-bien.)

Eh! messieurs, c'est la doctrine la plus anti-sociale, la plus subversive de tout ordre, dans tout pays. Répondez aux exemples que je vais citer.

Cette force et cette grande force du gouvernement, elle est si précieuse, elle doit être si bien ménagée, que vous pouvez apercevoir avec quelles précautions la constitution du pays la dispense. Vous parlez d'associations sans mission, vous voulez qu'on respecte leurs droits. Voyez si ce que vous demandez pour elles, la constitution l'a fait pour les associations reconnues, et qui ont une mission légale.

Les conseils municipaux ont une mission légale; ils sont élus par les citoyens. Les conseils de département ont une mission légale; ils sont également nommés par les citoyens. Eh bien! messieurs, un conseil municipal ne peut pas s'assembler sans une convocation de l'autorité supérieure. Un conseil de département a une mission égale, c'est l'assemblée la plus respectable; eh bien! il ne peut s'assembler sans une convocation. (Interruption à gauche.)

Plusieurs voix. Mais ce sont des corps politiques.

M. *Thiers*. Ce n'est pas tout; s'il émet un vœu politique, on casse, on annule sa délibération. Voilà une assemblée autorisée, voilà une assemblée ayant une mission légale qui ne peut pas émettre un vœu politique.

Ce n'est pas tout; si un conseil municipal, si un conseil de département veut se concerter avec un autre, ses opérations sont annulées, parce qu'il a violé la loi. (Interruption.)

La garde nationale est une assemblée de citoyens chargés de veiller à l'ordre public. Eh bien! la garde nationale ne peut pas délibérer, la force publique ne délibère pas. Cette faculté que vous refusez à la garde nationale, que vous refusez aux conseils municipaux qui ont une mission légale; que vous refusez aux conseils de département qui ont également une mission légale, vous la donneriez à des factieux qui ne veulent s'assembler dans l'état que pour le renverser! (Interruption à gauche.)

M. *le Ministre :* Veuillez m'écouter, Messieurs, et vous me répondrez. Je reste dans la question. Je vous y ramènerai sans cesse et je vous y suivrai toujours.

Oui, le droit de s'associer est une faculté naturelle; mais l'exercice de toute faculté est soumise aux lois : celle de s'associer est de ce nombre, et elle est tellement importante, que le gouvernement ne l'a dispensée qu'avec une mesure infinie.

M. *Odilon Barrot :* Vous avez parfaitement raison pour les pouvoirs politiques : ce n'est pas de cela qu'il s'agit.

Aux centres : Silence! N'interrompez pas sans cesse!

M. *Thiers :* Messieurs, je sais bien ce que vous allez dire, je prévois votre grande objection dont vous faites tant de bruit : voilà bien un raisonnement de gouvernement qui veut asservir toutes les intelligences, qui veut réduire la société entière à l'individualisme. Non, Messieurs; mais voici ce que, dans un gouvernement bien établi, l'autorité publique et la constitution du pays doivent prévoir soigneusement. Sans doute le gouvernement prévoit la résistance, il doit en attendre; mais elle ne doit pas être organisée comme vous voudriez qu'elle le fût.

Dans une constitution comme la nôtre, savez-vous comment doit s'organiser la résistance? Je vais vous le dire, car je veux faire au droit de résistance la position qu'il doit avoir : je lui ôte la position révolutionnaire, factieuse, conspiratrice, pour lui rendre la position légale; la résistance, dans notre constitution, doit s'exercer par la publicité, moyen immense qui entoure tous les pouvoirs comme un vaste milieu dans lequel les corps sont pressés. Le corps électoral est placé au sein de cette publicité. Si vous jugez que le système du gouvernement

est mauvais, vous l'attaquez par la publicité, vous cher-
chez à conquérir le corps électoral à votre opinion, le
corps électoral vote dans le sens de vos idées; s'il les
adopte, il fait une autre chambre ; cette chambre cons-
titue un ministère en évinçant celui qui est là et dont elle
ne veut plus. Voilà, Messieurs, comme dans une constitution légale la résistance est organisée par la publicité,
par l'effet qu'elle exerce d'abord sur le corps électoral,
du corps électoral sur la chambre, et de la chambre sur
le gouvernement. Toute constitution qui organiserait la
résistance d'une autre manière constituerait le droit de
conspirer publiquement contre elle. La monarchie représentative n'est faite que pour substituer aux révolutions
des transitions insensibles, et cela par la voie de la publicité, du vote électoral et du vote de la majorité des
chambres.

Savez-vous ce qu'on fait au moyen des associations ?
Je vais prendre le langage de Washington.

Dans une république, où certes tous les droits de
l'homme sont respectés, Washington disait qu'une opinion qu'on formait dans une association était une opinion
artificielle, factieuse, que ce n'était jamais une opinion
sincère. Il disait :

« Toute opposition mise à l'exécution des lois, toute
association dont l'objet est de gêner ou d'arrêter l'action du gouvernement constitué, est directement contraire aux principes fondamentaux que nous avons po-
sés » (Washington, dans son *Testament politique.*)

» De telles associations sont propres à organiser les factions, à donner à celles-ci une force extraordinaire et artificielle, et à mettre à la place de la volonté de la nation ,
exprimée par ses délégués, la volonté d'un parti, celle
d'une minorité faible et artificielle, des hommes am-
bitieux, adroits et dépourvus de principes, etc. »

Vous le voyez, le chef d'une république reconnaît lui-
même que, dans un pays bien organisé, l'opposition , la
résistance doivent se produire par l'opinion publique, et
non par ces sociétés où l'on fait une opinion artificielle ,
fausse, frelatée, permettez-moi cette expression, qui ne
peut se changer qu'en conspirations.

Je sais bien que, de toutes les doctrines, celle qui est
la plus pénible à prêcher est de dire à une minorité :
« faites-vous majorité. » On aime mieux un moyen plus
prompt de changer le système du gouvernement. Cepen-

dant, c'est la seule chose que nous puissions dire à la minorité : c'est de se faire majorité, si elle le peut.

Je persiste donc, et je pose la question ainsi : Oui, vous avez le droit de vous associer, mais vous ne pouvez l'exercer sans l'intervention de l'autorité publique.

Je prévois bien l'objection ; elle a déjà été faite. Vous direz : Soit ! que l'autorisation préalable soit exigée pour une société industrielle, pour une société de bienfaisance, pour une société académique. A cet égard, le gouvernement n'est pas suspect, et on sait bien que toujours il accordera l'autorisation : mais quant aux sociétés politiques, il refusera toujours l'autorisation.

Je m'empare de l'objection et de cet aveu ; il est démonstratif pour nous. Oui, il est certain que toujours le gouvernement accordera son consentement pour une académie. Il l'accorde toujours a une société industrielle. Je vous défie, messieurs, de citer un refus de la part du gouvernement pour un société industrielle. Il l'accorde toujours aussi à des sociétés de bienfaisance ; mais pour les sociétés politiques, il se montre soucieux, inquiet ; il les accordera très-difficilement, il les refusera même le plus souvent, et s'il fait cela, messieurs, c'est qu'il a tous les instincts de la société sous ce rapport ; c'est que vous pensez tous qu'il n'y aura jamais trop d'académies, de sociétés industrielles, de sociétés bienfaisantes ; mais pour les sociétés politiques, il n'en faut pas, vous-mêmes l'avez reconnu à l'égard de l'association des jésuites. Le gouvernement sera toujours facile pour les sociétés industrielles, scientifiques, utiles, bienfaisantes ; il sera difficile pour les sociétés politiques ; il n'en voudra pas, elles ne peuvent que mal faire.

Quand nous vous demandons cette faculté pour le gouvernement, nous vous la demandons pour le pouvoir, qui doit être l'arbitre en pareil cas, qui n'a aucun interêt contre les sociétés de bienfaisance, mais qui a tout intérêt contre les sociétés politiques.

Vous-mêmes, dans l'amendement que vous proposez, vous avez reconnu le droit du gouvernement d'intervenir, de faire prédominer sa volonté ; car que dites-vous dans l'amendement de M. Bérenger? Je le prends lui-même comme preuve essentielle du droit du gouvernement. Il dit que quand le gouvernement le voudra, il dissoudra la société. Vous reconnaissez donc par là même qu'il ne peut exister aucune société contre le gré du gouvernement ; et c'est ce qu'a dit M. Mérilhou. Et remarquez une différence essentielle, capitale ; quand il s'agit du droit de dissolution exercé contre un conseil général ou une assemblée législative, trois mois après l'assemblée ou le conseil municipal est convoqué et reformé. Mais ici, pourquoi ? parce que l'assemblée a le droit d'exister, parce que le conseil d'arrondissement ou de département ont le droit d'exister. C'est pour cela que vous leur accorderez le droit de reparaître trois mois après. Mais, pour l'association politique, quand le gouvernement l'a dissoute, vous dites qu'elle est bien dissoute, qu'elle doit disparaître tout à fait. Vous-mêmes, pour soutenir l'amendement de M. Bérenger, vous reconnaissez le droit du gouvernement, qui est incontestable ; car ce serait déléguer la souveraineté à quelques individus que de leur permettre de se concerter, de s'associer sans l'intervention de l'autorité publique. Voilà ce que vous reconnaissez, et je vous citerai éternellement vos paroles.

Si vous avez voulu résoudre le grand problême de concilier, comme vous le dites, le droit d'association avec le besoin de garanties qu'a le gouvernement, je vous dirai, comme vous l'a démontré M. le duc de Broglie, que vous n'y êtes pas parvenus.

Savez-vous bien ce que vous nous donnez à la place de la faculté de les autoriser préalablement ? vous nous donnez une véritable dérision. Je vous le demande, que signifie la faculté que vous donnez au gouvernement de prononcer la dissolution ? Sans doute vous n'avez pas voulu qu'une loi ne fût qu'une dérision, vous n'avez pas voulu armer le gouvernement d'une arme qui se briserait dans ses mains ; vous donnez le droit de dissoudre l'association, mais elle va se reformer de nouveau. Dissoute sous le nom de société des Droits de l'Homme, elle se reformera sous le nom de société des Amis du Peuple ou sous le nom d'une société de Bienfaisance.

Et vous nous condamneriez à la nécessité de poursuivre de société en société, de nom en nom les factieux qui se réuniraient, tantôt sous une dénomination, tantôt sous une autre, dans l'intention de détruire le gouvernement ! Quand on veut donner une loi au gouvernement, il faut la donner sérieuse et réelle, et non pas (pardonnez-moi l'expression) se rire de lui en donnant une arme qui va se briser dans ses mains.

Le gouvernement, messieurs, est une chose sérieuse,

Nous voulons défendre le pays contre les dangers qui le menacent; ne venez pas nous donner quelque chose de dérisoire, nous ne l'accepterions pas; car nous vous demandons de nous accorder de la force, nous ne pouvons accepter que ce qui nous en donnera. (Bravos aux sections intérieures.)

J'abandonne cette question; j'entre maintenant dans la question politique.

Quelques voix : A demain! il est six heures un quart.

Voix nombreuses : Non, non, continuez, parlez.

M. *Thiers* : Si la chambre voulait remettre cette discussion à demain.... (Non, non.)

M. *Mauguin* : A demain, si cela vous convient; consultez vos forces.

M. *Thiers* : Messieurs, je vous ai annoncé, en commençant cette discussion, que cette loi est grave à deux titres; elle est grave dans son principe, elle est plus grave encore sous un autre rapport.

Il s'agit de savoir, Messieurs, si, par une illusion déplorable, nous rentrerions dans les voies de la restauration. Ici, Messieurs, la question a une portée immense, et si nous étions coupables d'une pareille erreur, si nous nous trompions de route, si nous revenions en arrière, ah! Messieurs, nous serions criminels, mais mille fois plus criminels que la restauration, car elle n'avait pas déjà devant elle l'exemple de sa chute; et nous l'avons, nous, Messieurs; si, après ce qui s'est passé quinze ans sous nos yeux, nous étions capables de recommencer ces déceptions, ces mensonges, cette odieuse comédie du gouvernement d'alors, nous serions les plus criminels des hommes; car la révolution de juillet est un phare qui montre l'abîme aux gouvernemens qui manquent à leur principe.

Il faut s'expliquer sur le but que nous poursuivons, avec le dernier degré de franchise. Quel est ce but? La monarchie représentative; nous la poursuivons franchement, sincèrement, convaincus que nous sommes que c'est le seul gouvernement qui convienne à la France, et nous nous fondons pour cela sur trois exemples que nous regardons comme démonstratifs, sur trois expériences qui ont été faites dans les quarante dernières années.

On a essayé de la république, du pouvoir militaire sous l'empire, de la monarchie représentative, que nous poursuivons aussi, mais on l'a essayée avec le droit divin, le jésuitisme et l'étranger. Eh bien! permettez-moi, Messieurs, de vous dire quelques mots sur ces trois expériences qui jalonnent en quelque sorte la route que nous devons suivre.

La république a été essayée d'une manière démonstrative. On nous dit tous les jours : Ce n'est pas la république sanglante comme celle de ces temps que nous voulons : nous la voulons paisible et modérée. Eh bien! on commet une erreur grave quand on dit que l'expérience n'a pas porté sur les deux points. Il y a eu une république sanglante pendant un an ; mais pendant huit à neuf ans, c'était une république qui avait l'intention d'être modérée, qui a été essayée par des hommes honnêtes, capables. Sous le directoire, c'étaient des hommes comme La Réveillère-Lépaux, Barthélemy, Sieys, Carnot, tous les hommes modérés, honnêtes, qui voulaient, non pas la république de sang, mais la république paisible. La victoire n'a pas manqué à ces hommes ; ils ont eu les plus belles victoires. La paix ne leur a pas manqué non plus ; car Napoléon leur avait donné celle de Campo-Formio, la plus sûre et la plus honorable. Cependant, en quelques années, le désordre était partout ; les hommes d'état étaient honnêtes, et cependant le trésor était livré au pillage ; personne n'obéissait ; les généraux les plus probes, des hommes comme Championnet et Joubert, refusaient d'obéir aux ordres du gouvernement ; c'était un mépris, un désordre universels. Il a fallu que des généraux vinssent renverser ce gouvernement (passez-moi l'expression) à coups de pieds (Mouvement), et se mettre à sa place.

En dix ans, il s'est fait en France une expérience. On a eu la république, non-seulement sanglante, mais la république paisible qui voulait être modérée, et qui n'est arrivée qu'au mépris, quoiqu'en majorité les hommes qui la dirigeaient fussent d'honnêtes gens. (Très-bien! très-bien!)

Je dis que l'expérience a été démonstrative sur les deux points. Je dis que la république a été essayée par des hommes qui ont succombé à l'œuvre, qui n'ont eu qu'une république misérable, agitée. Aussi, quant à la république, nous n'en voulons plus! la France en a horreur : quand on lui parle république, elle recule épouvantée ; elle sait que ce gouvernement tourne au sang, ou à l'imbécillité, ou au mépris.

Je passe à l'empire. On nous cite souvent l'empire. Quand on a un reproche à nous faire, on ne manque pas de nous dire : vous n'avez pas remporté la victoire d'Austerlitz. Oui, mais nous n'avons pas perdu celle de Waterloo. (Mouvemens divers.)

On nous cite l'empire avec reproche, mais il n'est personne qui ose dire que l'empire fut un régime durable. Tout le monde reconnaît que ce fut un accident brillant, merveilleux, et que la France, quoi qu'il lui en ait coûté, ne voudrait pas déchirer de ses annales ces pages brillantes Mais qu'est-ce qui pourrait croire que cet accident pût être aujourd'hui un régime durable? Personne ne voudrait du régime militaire ; et on a raison.

Ainsi on veut pas de la république, elle fut sanglante ou inepte : de l'empire, ce n'est qu'un accident, et d'ailleurs, pour cet accident il faut un homme de génie. Et où est-il le Napoléon, où est-il, l'homme de génie qui inspirerait assez de confiance pour que la nation consentît à se jeter dans ses bras, à subir encore le régime militaire? Il n'y en a pas.

Ces deux expériences ont été faites; elles ont été complètes. Je ne pense pas qu'on veuille les recommencer.

La restauration! Ici, Messieurs, permettez-moi d'entrer dans quelques détails de l'histoire sombre et triste de cette monarchie représentative.

La restauration était bien posée pour nous donner le gouvernement représentatif. C'est ici l'histoire de notre temps, c'est le tableau de la marche qu'il fallait suivre, et que nous nous efforçons de suivre, que je vais essayer de tracer.

La restauration était dans une position superbe pour essayer la monarchie représentative. Tout le monde demandait la paix, tout le monde cherchait le repos, tout le monde était disposé, sauf le mot *légitimité*, à reconnaître l'ancien droit, à le faire respecter.

Permettez-moi de vous citer un exemple. Je suis peut-être un des écrivains qui ont attaqué avec le plus de véhémence ce gouvernement. Et savez-vous ce que nous disions dans les articles les plus hardis? Nous disions que nous saurions toujours suppléer à l'affection par le respect. L'esprit général portait tellement à respecter le gouvernement établi, qu'il eût été facile à ce gouvernement de donner alors beaucoup de liberté sans qu'il y eût péril pour l'ordre social. La position était excellente pour un gouvernement qui eût compris sa mission. Mais voyons comment on a tenté la monarchie représentative. On l'a tentée à la tête du parti du passé, de celui qui voulait ressusciter tout ce qui n'était plus et qui ne pouvait plus être ; on l'a tenté avec une restriction mentale sous l'invocation du droit divin, qui signifiait que le roi, ayant octroyé la charte, avait le droit de la retirer. On n'osait pas le dire à la tribune par la bouche des ministres, mais les journaux du parti le disaient. On disait que si l'essai ne tournait pas comme on l'espérait, on se servirait au besoin de la puissance royale, et qu'on retirait la charte.

C'est sous l'invocation du principe du droit divin que la monarchie représentative a été essayée.

On ne s'est pas borné là ; on avait peur, on mourait d'épouvante de l'esprit du siècle, et on a appelé, non pas le clergé, mais le jésuitisme, le clergé ultramontain, à son secours, pour venir misérablement combattre la marche du siècle.

A tous les budgets on venait dire que la religion périssait ; on venait demander d'augmenter l'allocation du clergé ; on protégeait les associations secrètes, on les maintenait dans le pays. Tandis qu'on s'appuyait sur la puissance la plus détestée, le jésuitisme, on s'appuyait sur quelque chose de plus matériel. On n'était pas sûr du pays, on se défiait du pays ; la haine, le mot est trop sévère, la répugnance qu'il avait pour le gouvernement, faisait qu'on cherchait des appuis à l'étranger dans la sainte-alliance.

C'est, messieurs, avec l'appui du jésuitisme et de l'étranger que la monarchie représentative a été essayée constamment avec crainte, avec défiance, avec mauvais vouloir. Aujourd'hui la presse est si libre qu'elle dirige ses attaques jusqu'au principe même du gouvernement ; alors on ne souffrait même pas la discussion des actes du gouvernement ; car on avait imaginé à cet égard les procès de tendance. Ce n'est pas tout, la loi d'élection avait été sans cesse remaniée et retournée de toutes façons, afin d'arriver aux résultats qu'on voulait obtenir. On ne s'est pas contenté de remanier la loi électorale, on s'est attaqué au monument le plus social, le plus respecté de notre temps, au Code civil lui-même. On a voulu attaquer les principes fondamentaux de la société, de la famille ; on a voulu reconstituer le droit d'aînesse.

On s'est essayé de toutes les manières à faire mentir la charte, à faire produire à la monarchie représentative tout ce qu'elle ne pouvait pas produire, et cependant malgré ce mauvais vouloir, malgré toutes ces tentatives faites pour amener l'avortement de cet essai de monarchie représentative, tant est bienfaisant ce système, tant il garantit les libertés d'un pays, on était arrivé, malgré le double vote, malgré toutes les fraudes électorales, sans toutes les garanties que nous possédons aujourd'hui, avec une presse bâillonnée à ce point, qu'un écrivain respectable fut condamné en première instance, et seulement acquitté en appel pour s'être écrié : Malheureuse France ! malheureux roi ! On arriva en 1827 à une majorité indépendante, respectueuse pour la monarchie établie, qui lui dit uniquement ceci : qu'elle ne pouvait pas concourir avec l'administration qu'on avait choisie, c'est-à-dire qu'à tout le mauvais vouloir de ce gouvernement elle opposa une seule chose : le principe fondamental du gouvernement représentatif ; que la majorité doit prévaloir, faire prédominer ce système, et le faire en renversant le sysme qu'elle réprouve.

Eh bien ! si ce jour-là, en présence de cette adresse respectueuse, lue si respectueusement par le président de la chambre, la monarchie dite légitime s'était rendue, si elle avait rempli ce qu'on appelait ses engagemens, si elle n'avait pas violé et déchiré la charte, elle existerait encore, car elle n'a péri que sous son parjure. Et l'on ose nous parler de nos engagemens, au nom d'un gouvernement qui a violé tous les siens, qui a déchiré et foulé aux pieds la constitution du pays ! (Très-bien ! très-bien !)

Ce jour-là, messieurs, il a été démontré que la monarchie représentative, essayée sous les auspices du droit divin, et avec un gouvernement qui s'appuyait sur l'ultramontanisme, sur l'étranger, était impossible, et la France, avec douleur, mais avec courage, s'est jetée dans une révolution.

Ainsi, trois expériences en ont été faites : la république n'a pas réussi ; l'empire a été un accident dont le retour est impossible ; la monarchie représentative appuyée sur le droit divin, sur l'étranger, a été convaincue de fausseté et de mensonge ; elle n'a pu se maintenir. Nous essayons maintenant la véritable monarchie représentative, et dans cette nouvelle ère nous serons plus heureux, car jamais aucun des organes du gouvernement, ni aucun de ses amis, n'a mis en doute le grand principe du gouvernement nouveau, l'engagement réciproque.

C'est sur ce principe qu'est fondée la monarchie nouvelle. Il n'y a personne qui pense que la charte puisse
être aujourd'hui retirée, comme on le croyait sous la restauration, personne ne peut nous accuser de nous appuyer
sur l'émigration : elle nous attaque ; personne ne peut
croire que nous nous appuyions sur l'étranger (mouvement) ; car, que nous répète-t-on tous les jours ? Que l'é-
tranger nous menace, qu'il forme des projets contre
nous, qu'il prépare une coalition. Donc nous ne nous ap-
puyons pas sur lui, mais sur la nation que nous avons
toujours trouvée prête à répondre à l'appel du gouvernement.

Permettez-moi, messieurs, de terminer par une ré-
flexion. Est-il vrai qu'il y ait là quelque ressemblance
avec la restauration ? Que si, à toute force, on voulait
trouver une ressemblance dans ce qui se passe actuelle-
ment avec la restauration, je serais obligé de convenir
qu'en effet il y en a une fâcheuse, malheureuse, mais de
la part de qui?

Sous la restauration, la monarchie s'essayait sous l'influence, sous le joug, sous les mauvaises inspirations d'un
parti, du parti du passé qui voulait ramener ce qui n'était
plus. Que si la monarchie représentative essayait aujour-
d'hui la même chose, alors la ressemblance serait frap-
pante ; mais il n'en est point ainsi. Cependant il y en a
une. Sous la restauration, il y avait un parti rétrograde,
un parti du passé ; celui des ultra-royalistes, qui disait
qu'outre la souveraineté de la charte il y avait un pouvoir
souverain qui pouvait confisquer la charte.

Il y avait un parti qui disait qu'il était utile de changer
la loi des élections, que la réforme électorale était nécessaire ; un parti qui pensait qu'on ne pouvait pas laisser
subsister en Europe un autre principe que celui qui était
sur le trône de France, qui allait faire la guerre pour
propager en Espagne et en Italie les principes de la légitimité, qui voulait aussi des associations secrètes, qui
tyrannisait sans cesse le gouvernement ; un parti qui a
quelquefois demandé du sang, et à qui on a eu la faiblesse d'en accorder. Je ne rappellerai pas quel sang il-
lustre on lui a donné.

Nous avons aussi aujourd'hui un parti qui nous dit
qu'à côté de la souveraineté de la charte, il y a une autre
souveraineté, qui au lieu de la placer à Prague, la trans-
porte dans les rues, souveraineté populaire, qui peut

à chaque instant modifier la charte et la détruire, un parti qui voudrait, comme les ultra-royalistes , retoucher tous les jours la loi électorale, un parti qui réclame aussi les associations secrètes, qui vous demande d'aller faire la guerre pour le principe qui est sur le trône de France, un parti qui vous dit que la révolution a été faite par lui et pour lui, un parti qui vous a demandé du sang, qui vous a demandé la tête de quatre infortunés, ce que vous avez heureusement refusé, et dont vous vous applaudissez avec nous. (Profonde sensation.)

S'il y a ressemblance quelque part, elle est dans ceux qui veulent pousser la monarchie représentative au delà des bornes; elle n'est pas dans nous, elle est dans ceux qui nous attaquent sans cesse, dans ceux qui, si nous avions la faiblesse de céder, confisqueraient la charte, feraient une guerre de principe, soutiendraient les associations secrètes; dans ceux qui nous ont demandé du sang, et auxquels nous avons énergiquement résisté. S'il y a dissemblance, c'est en nous qui savons résister à ses exigences, et nous resisterons tant qu'une chambre loyale viendra nous prêter son appui. (Très-bien !)

Mais le jour où ce concours serait moindre (et Dieu me garde de souhaiter un tel avenir à mon pays), où à une résistance ferme et énergique succéderait une condescendance faible, la ressemblance serait malheureusement parfaite, et je n'aurais qu'à gémir sur les destinées du pays. (Profonde sensation. Marques prolongées d'approbation.)

Après cette brillante improvisation, l'orateur est accueilli par de vives félicitations.

Clermont, imprimerie de J. Vaissière et Pérol.